창작 시 (제3집)
매일매일 시(詩)작

새벽과 별을 담다

누구나 시인이 될 수 있다

새벽과 별을 담다

초판 1쇄 발행 2025년 11월 25일

지은이_ 황태옥. 최세경. 양혜진. 김경태, 서형수.
펴낸이_ 황태옥
펴낸곳_ 꿈나비북스
인쇄처_ (주)북모아
디자인 스튜디오- 폴리오903
.
주소_ 경북 포항시 남구 효성로 11
전화_ 080-610-7005
이메일- okst77@naver.com

ISBN- 979-11-995304-4-7
정 가- 16,000

이 책은 저작권법에 따라 보호받는 지작물이므로 무단 전재와
무단 복제를 금지하며 이 책 내용을 이용하려면 반드시 저작권자
꿈나비북스와 도서출판 창조와 지식의 서면동의를 받아야 합니다.
잘못된 책은 구입처나 본사에서 바꾸어 드립니다.

'꿈나비북스는 모든 작가들의 출판을 응원합니다

창작시 (제 3집)
매일매일 시(詩)작

새벽과 별을 담다

황태욱 · 최세경 · 양혜진 · 김정태 · 서경수

▎작가의 울림 ▎

90일, 시를 쓰면서 변화

최세경

 삶의 깊은 곳에서 잠들어 있던 열정이 서서히 깨어났다. 부모님과 형제, 친구들과 함께한 유년의 기억들이 한 편 한 편의 시 속에서 다시 숨 쉬기 시작했으며, 남편과 두 아들에게 깊고 따뜻하게 느끼게 된 고마운 시간이었다.

양혜진

 처음에는 막막했지만, 하루하루 시를 쓰다 보니 점점 용기가 생기고 신기하게도 자신감이 생겼다. 나의 경험을 바탕으로 시를 쓰다 보니, 그때 "난 이런 감정 이었구나" 다시금 깨달음도 생겼다. 시를 쓰면서 묻어두었던 상처를 시로 꺼내어 보니 마음이 한결 평안 해졌다.

김경태

하루 시작하고 끝맺으며 기록하는 습관을 가지게 된 것이 첫 번째 변화이고, 시를 공부하고 글 쓰는 즐거움을 알게 되면서, 딸들과의 모닝 카톡으로 가족의 정을 새삼 느낀 것이 두 번째 변화요. 매일 숙제처럼 시를 쓰고 코칭 받는 과정 속에서, 시 쓰기가 남은 생의 동반자가 된 것이 가장 큰 변화이다

서형수

바이올린을 연주하는 슈바이처와 아인슈타인을 떠올리며 매일 주어진 시제 앞에서 고민하고 또 고민하며 하루를 보냈다. 그 시간과 공간을 더 잘 활용해보고자 시를 써 내려가다 보니, 아직도 무수한 시간과 공간이 꼭 나뿐만 아니라 누구에게나 열려 있음을 알게 되었다.

▌프롤로그▐ 매일 새벽, 시가 오는 시간

눈 비비며 맞이하는 새벽 5시 30분,
오늘의 시(詩)제를 카톡으로 전송합니다

잠깐 멈춰서 자신을 들여다보고 마음을 꺼내어
단어를 고르는 새벽 시간

그 작은 습관이 90일을 지나 기적 같은 결과로
오늘 이 시집을 펼쳐봅니다

이 시집은 단 하루도 빠짐없이 90일 동안 시를 쓰며 사색을 하여 만들 결과물입니다

이 시를 읽는 독자에게
하루의 사색이 따뜻한 울림으로 전해지길 바랍니다

지금 이 순간
당신의 하루도 시로 물들기를.....

매일매일 새벽 시(詩)로 꿈을 디자인하는, 바람시인 황태옥

목 차

작가의 울림 - 4

하나 황태옥

『바람에서 별까지』

1장. 바람처럼 그대를

2장. 바다처럼 그대를

3장. 하늘처럼 그대를

4장. 별처럼 그대를

둘 최세경

『가을 문턱에서』

1장. 시월 어느 날

2장. 고향과 그리움

3장. 일상 속 이야기

4장. 삶과 사랑

셋 양혜진

『빛과 쉼표 사이』

1장. 희망의 계단
2장. 삶의 신호등
3장. 길 위의 쉼표
4장. 새벽의 기도

넷 김경태

『구름아 인생아』

1장. 계절의 첫 마음
2장. 마음의 길 위에서
3장. 삶은 바쁘다, 그러나 아름답다
4장. 사랑과 그리움의 계절

다섯 서형수

『나의 시간과 공간』

1장. 시작하는 시공간
2장. 너무 작은 마음 공간
3장. 더욱 먼 곳을 향하여
4장. 희망찬 시공간을 위해

사색시간(하나)

세상에는 수많은 빛이 존재 한다
그 중에서 가장 아름다운 빛은

내 마음에서 피어나는 사랑과
내 영혼 속에서 반짝이는 희망의 빛이다

비록 작은 별일지라도
깊은 밤하늘을 환하게 밝히듯

그 빛이 바로
이 시집 속에서 빛날 것이다

▌바람에서 별까지 ▌

바람시인 **황태옥**

도전을 꿈꾸는 이들에게
매일 시(詩)를 쓰게 하고 다듬고
그 시(詩)를 모아 한 권의 책으로 엮는 일을 합니다.

꿈나비북스 대표 / 경영학박사 /
책 출판 / 전자책 출판/ 첨삭 및 강의

▌목 차 ▌

1장. 바람처럼 그대를 ·········· 14

    멈추지 않는 바람 ·········· 15
    그리움의 독백 ·········· 16
    사랑의 그림자 ·········· 17
    심장 속 그대 ·········· 18
    멈춘 이유 ·········· 19

2장. 바다처럼 그대를 ·········· 20

    지워지지 않는 바다 ·········· 21
    파도에 묻는 안부 ·········· 22
    폭풍속의 사랑 ·········· 23

3장. 하늘처럼 그대를 ································ 24

   그대의 흔적 가을 속에 ···················· 25
   햇살처럼 머무는 사랑 ······················ 26
   끝없이 펼쳐진 꿈 ···························· 27
   구름에 그린 얼굴 ···························· 28
   그리움 한잔 ···································· 29

4장. 별처럼 그대를 ···································· 30

   어둠 속에서도 빛나는 것들 ············· 31
   누군가의 별이 되어 ························· 32
   별처럼 빛나리 ································· 33

1장.
바람처럼 그대를

멈추지 않는 바람
그리움의 독백
사랑의 그림자
심장 속 그대
멈춘 이유

멈추지 않는 바람

바람은
언제나 바람

거칠게 몰아쳐
넘어질 수도 있지만
그 또한 바람

나도
바람이 되련다

장애물을 넘고
때론 돌아설 줄 아는 바람

그대 있는 곳
알 수만 있다면
당장 달려가고 싶다

준비된 바람으로
그대에게 닿고 싶다

그리움의 독백

햇살이 비치는
그때 그 창가에
커피 한 잔 시켜놓았습니다

그리움 펼쳐 두고
책장을 넘기다
빈 노트 한쪽에
그대 얼굴 그려봅니다

그리고
조용히 일어섭니다

혼자 왔다가
늘 그랬듯

그리움만 남겨두고
그냥 돌아갑니다

사랑의 그림자

사랑이 모두
고통이라면
난 사랑하지 않을래

그래서일까
허전함이
평생을 따라다니는 게

심장 속 그대

그대 때문에
아무것도 할 수 없어요

그대 생각만 하면
심장이 마구 뛰거든요

일을 안 할 수 없고
그렇다고
생각 안 할 수는
더 없고

멈춘 이유

그대가 걷는 길에
바람이 분다

나는 아무 말 없이
그 바람 따라 걷는다

한 걸음
또 한 걸음

바람이 멈추면
나도 멈춘다

혹시
그 자리에
그대가 서 있을까 봐

2장.
바다처럼 그대를

지워지지 않는 바다
파도에 묻는 안부
폭풍속의 사랑

지워지지 않는 바다

바다를
무척이나 사랑했던
그때 그 친구들

그 친구들을 보려면
어디로 가야 할까

파도 속에
웃음이 남아 있을까
바람 속에
목소리가 흐를까

젖은 모래 위 발자국 따라가면
그 시절 거기 서 있을까

밀려오고 밀려가는 파도처럼
멀어져도 지워지지 않는

그때 그 바다
우리들의 추억

파도에 묻는 안부

소나기 쏟아진 바닷가
비가 그치고
우린 함께 걸었지

하늘이
별을 담아 선물한
황홀한 풍경
그날은 지금도 선명한데

너는 지금 어디에 있는지
그것조차 알 수 없어

따라온 파도에
안부를 묻는다

잘살고 있지?

폭풍속의 사랑

세찬 바람 불다가
폭풍으로 몰아쳐도

그대라는 바다는
언제나 나를 품고 있다

나는 그 바다 안에서
한동안 길을 잃었다

목적지 없는 사랑 속에서
가슴 가득 그리움 담고

그저 머물고 싶다
비록 끝을 알 수 없는
긴 여정이라 해도

나의 길
나의 쉼도
그대 안에서라면

3장.
하늘처럼 그대를

그대의 흔적 가을 속에
햇살처럼 머무는 사랑
끝없이 펼쳐진 꿈
구름에 그린 얼굴
그리움 한잔

그대의 흔적, 가을 속에

고왔던 단풍도
나뭇잎으로 떨어지는데

내 안에 그대 흔적은
코팅 되었나

시간이 지나도 그 자리
세월이 흘러가도

늘 그 자리

햇살처럼 머무는 사랑

햇살이 머무는
하늘처럼

구름과 별빛
바람을 담고 머무는
그대 그리움처럼

그렇게
사랑하고 싶다

끝없이 펼쳐진 꿈

끝과 시작이 없는 길 위에
바람처럼 흩날리는 나의 꿈

저 멀리 수평선 너머까지
끝없이 펼쳐지는 희망의 빛

어제의 나를 넘어
오늘도 한 걸음 더

두려움도 망설임도
이 바람 속에 날려 보내리

하늘은 높고 길은 멀어도
내 안의 불꽃은
꺼지지 않으리

끝없이 펼쳐진 나의 꿈
그 끝에서 나는 웃으리

구름에 그린 얼굴

구름에
네 얼굴이 있다

얼마나
보고 싶었으면

하늘을
가슴에 담았다

네 얼굴이
따라 담겼다

담고 보니
그리움 속
지독한 사랑이다

그리움 한잔

오늘은
커피 잔에 담긴
그리움을 마신다

비워진 잔속에
네 생각을 담는다

커피 향만큼
더 보고 싶다

4장.

별처럼 그대를

어둠 속에서도 빛나는 것들
누군가의 별이 되어
별처럼 빛나리

어둠 속에서도 빛나는 것들

밤이 깊어질수록
별은 더욱 빛나고

바람에 흔들리는 창가엔
그리움이 반짝인다

눈에 보이지 않아도
사라지지 않는 것들

가슴속 깊이 스며든
따뜻한 기억들

한 줄기 희망 조용한 속삭임
그리고 지지 않는 사랑

어둠이 짙어질수록
더 환하게 빛나는 것들이 있다

누군가의 별이 되어

깊은 어둠 속
가장 빛나는 건
가만히 숨 쉬는
작은 별 하나

순간의 반짝임이
너에겐 길이 되고
나에겐
희망이 된다

작은 빛 하나가
너에게 방향이 되고
나에게 위로가 되듯

어둠을 지나
빛으로 향하는 순간
우리도 언젠가
누군가의 별이 되겠지

별처럼 빛나리

세상에는
수많은 빛이 존재 한다

그 중에서 가장 아름다운 빛은
내 마음에서 피어나는 사랑과
내 영혼 속에서 반짝이는 희망이다

비록
작은 별일지라도

깊은 밤하늘을 환하게 밝히듯
그 빛이 당신에게 희망을 주고
세상에 사랑을 퍼뜨릴 것이다

사색시간(둘)

▌가을 문턱에서 ▌

최 세 경

▌프로필 ▌

한화생명금융서비스 20년
상담심리학전공

저서
[최팀장은 왜 보험 설계사가 되었을까?](전자책)
[내 삶의 버킷리스트], [내 삶의 건강비결]
[우리 엄마는], [우리 아빠는]
[우리 가족은]

수상경력
1985년 육사추모백일장 입상
2001년 제7회 옻골 문화축제 문예경연 입상

연락처
네이버검색: 최세경
구글검색: 최세경 설계사
연락처: csk1719@naver.com

목 차

1장. 시월 어느 날 ··· 38

단풍에 물든 계절 ·· 39
가을 문턱에서 ·· 40
안동의 안개 ··· 42
가을에 핀 개나리 ·· 43

2장. 고향과 그리움 ·· 44

아버지의 자전거 ··· 45
고향의 떡국 ··· 46
그리운 뒷산 ··· 47
묵묵한 힘 ·· 48
고향 ··· 49

3장. 일상 속 이야기 ········· 50

　길 위의 휴게소 ········· 51
　소나기와 보험 ········· 52
　웃음의 거울 ········· 53
　신호등 ········· 54
　줄넘기 ········· 55

4장. 삶과 사랑 ········· 56

　가장 든든한 우산 ········· 57
　사랑을 신다 ········· 58
　보름달 기도 ········· 59
　너의 눈 ········· 60
　사다리 ········· 61

1장.
시월 어느 날

단풍에 물든 계절
가을 문턱에서
안동의 안개
가을에 핀 개나리

단풍에 물든 계절

설악산 단풍은
고운 선홍빛으로
산을 붉게 물들였다

청도 운문사 단풍은
연지 곤지 찍은
새색시 얼굴처럼
고요히 물들었다

노랗게 물든 은행잎은
파란 하늘에 맞닿아
바람 불면 힐끗 고개 들어
우리 주위를 살핀다

여름 뙤약볕을 견디고
찬 이슬 서리를 맞으며

단풍은 더 깊고
아름다운 색으로
우리 곁에 찾아왔다

가을 문턱에서

여름은
뜨겁던 기세 접고
마지막 부채질 남기고 떠난다

가을은
낙엽 한 장 흘리며
이제 주인공이라며 웃는다

아침은 서늘해지고
점심은 아직 뜨겁다

저녁 하늘은 붉다
서서히 남색으로 젖어들고
낮과 밤은 줄다리기 한다

커피숍은 붐비고
아메리카노 잔마다
사람들 이야기 피어난다

지갑은 얇아져도
추억은 두툼해진다

낙엽처럼 쌓이는 눈웃음 속
우리는 계절의 깊이를 배운다

9월은
잃는 것보다
더 채워주는 달

이 가을
나는 무엇으로 채워갈까

안동의 안개

안동의 새벽
안개는 늘 자욱하다

안동댐이 생긴 뒤
그 짙음은 더 깊어져
늦은 밤 운전 길엔
시야마저 금세 가려진다

월영교 주변은
사진작가들 밤을 새우며
안개 속 찰나의 순간을 기다린다

그 순간이
예술이 되기 때문이다

노란 은행잎 흩날리고
붉은 단풍은
땅 위에 카펫처럼 깔린다

안개는 불편함과 아름다움 사이
고향의 아침을 더욱 포근히 감싸며

기억 속 풍경을 오래도록
선명히 그려준다

가을에 핀 개나리

봄에 피어야 할 개나리
이상 기온 탓에
가을에도 꽃을 열었다

가지마다 드리운 노란 꽃
연둣빛 잎을 살짝 데려와
한 폭 그림처럼 피어난다

꽃잎은 바람 타고
속삭이듯 흘러내리며
각 가지가 품은 사연 전한다

가던 길 멈춰 서서
물감으로도 담을 수 없는
진한 그리움에 잠긴다

가을에 핀 개나리
수줍은 미소로 인사 한다

새 봄에 다시 오겠다며
노란 흔적만 남기고
가을 끝자락 따라 사라진다

2장.
고향과 그리움

아버지의 자전거
고향의 떡국
그리운 뒷산
영원의 약속
고향

아버지의 자전거

아버지 자전거 뒷자리에 앉아
달콤하고 시원한 바람을 마셨다

덜컹덜컹 골목길
삐걱삐걱 체인 소리
온 세상이 흔들리듯 노래했다

아이 주머니엔 꿈이 가득
아버지 어깨엔 햇살이 내려앉고
웃음소리 따라 바퀴는 굴렀다

그 길 위에서
나는 세상을 처음 배웠다

자전거 바퀴처럼
끝없이 달릴 수 있다고

그래서
지금도 계속 달리고 있다

고향의 떡국

1월 1일, 새해 첫날
음력 설날도 어김없이
나는 해마다 두 번
떡국을 먹는다

시부모님의 땀으로 거둔 쌀
고운 계란 지단과 고명 얹고
김 가루 솔솔 뿌려
하얀 그릇 가득 채운다

가족이 둘러앉아
한 숟갈 떠먹는 순간
그 따스한 맛 속에는

여름 내내 논밭을 지키신
시부모님의 수고와 정성
사랑이 고스란히 녹아 있다

한 그릇 떡국은
가족을 고향으로 모이게 하는
부모님의 사랑이다

그리운 뒷산

산을 오르며
옛 풍경에 마음 적신다

봄이면 진달래꽃 따 먹고
여름이면 찔레 순 꺾어 먹고
가을이면 다래 따 먹으며 자란
내 고향 뒷산

계절마다 푸른 숲
붉게 물든 단풍
소복이 쌓인 흰 눈
앙상한 가지 드러내던
한 폭의 그림

먼 산도 좋지만
내 고향 뒷산은
어린 시절의 놀이터

지금은 곁에 없는 친구들
추억으로만 남아 있는
가슴속 그리운 산행이다

묵묵한 힘

사계절 내내
푸른 옷 입고
자리를 지키는 소나무

눈보라 몰아쳐도
거센 바람 휘몰아쳐도
결코 꺾이지 않는다

고개 숙이지 않고
묵묵히 뿌리내리며
하늘을 올려다본다

그 곁에 서면
참된 강인함으로
나를 지켜내는 마음

삶의 폭풍 속에서도
당당하게 서게 된다

고향

어린 웃음이 묻어 있는
비탈진 골목길

햇살에 반짝이던
감나무 잎새

저녁이면
연기 오르던 굴뚝
밥 짓는 냄새 따라
포근히 마음이 돌아앉던 곳

고향은 내 마음속 지도 위
그리움이 머무는 자리

세월이 흘러
주름진 얼굴에도
그리움은 늘 젊다

고향은 언제나
나를 기다리는 아버지의 얼굴

3장.
일상 속 이야기

길 위의 휴게소
소나기와 보험
웃음의 거울
신호등
줄넘기

길 위의 휴게소

출발지와 도착지는 달라도
어김없이 들르게 되는 곳
길 위의 쉼표 휴게소

남녀노소 가리지 않고
커피, 떡볶이, 감자튀김, 어묵
달콤한 유혹에
발길은 잠시 머문다

잠깐의 피로를 풀며
다시 길을 이어 간다

고향으로, 처가로, 시댁으로
산으로, 바다로 향하는 발걸음

서로 다른 여정 속에서
이곳에 한순간 스쳐 지나간다

머무름 짧아도
길 위의 삶은 계속된다

쉼이 있어야 안전하고
보험이 있어야 든든하니까

소나기와 보험

갑자기 천둥 번개로
비가 세차게 쏟아진다

우산 하나 챙기지 못한 채
건물 안에 갇혀 발만 동동

걸음을 멈추고
창밖을 바라보는 동안
빗방울이 훑고 지나간 골목마다
숨어 있던 사연들이 흘러간다

우리네 인생도 그렇다
예고 없이 몰아치는 소나기
갈 길을 멈추고 숨 고르며
기다려야 할 때가 가끔 있다

사람들은 언제 닥칠지 모를
소나기를 피해 작은 우산 하나
미리 준비해 둔다

그 이름
바로 보험

웃음의 거울

아침 거울 앞에 서면
오늘의 약속을 다시 적는다

웃음을 먼저 건네고
근심은 살짝 매어 놓고

이마의 주름은 세월이 쓴 문장
눈가의 미소는 내 마음의 여백

얼굴은 늘 정직해서
숨기려 해도 드러나고
감추려 해도 드러난다

그래서 좋다
그 안에 내가 살아온 날들이
고스란히 비치니까

오늘도 나는
얼굴에 빛을 걸어둔다
머문 웃음이 곧 나의 빛

그 웃음으로 나는 나를 지키고
누군가를 따뜻하게 비춘다

신호등

빨간 불이 켜지면
세상은 멈춤의 호흡을 배운다

서두르던 발걸음도
흩날리던 마음도 고요히 머문다

초록 불이 켜지면
길은 한순간 열리고
망설임 끝에 내딛는 발걸음
새로운 시작의 노래가 된다

노란 불은
잠시의 망설임 속에서
삶의 속도를 묻는다

멈출 것인가 건널 것인가
그 짧은 순간은
언제나 깊은 생각을 품고 있다

붉음과 푸름 그리고 그 사이의 노랑
세 가지 색으로 세상을 물들인다

줄넘기

코흘리개 친구들
동네 언니 오빠들까지 모여
가위 바위 보로 순서를 정 한다

찰칵찰칵 줄이 돌고
폴짝폴짝 발이 오른다

숨이 차올라도
웃음은 멈추지 않는다

발에 걸려 넘어져도
금세 일어나 다시 뛴다

담 너머 강아지는
꼬리를 흔들며 응원한다

이기고 지는 건 상관없다
줄 하나에 함께 모여
웃고 떠들던 그 시간

줄넘기는 언제나
햇살처럼 반짝이는
추억의 놀이였다

4장.
삶과 사랑

가장 든든한 우산
사랑을 신다
보름달 기도
너의 눈
사다리

가장 든든한 우산

우산을 펼치면
비 오는 날 추억이 생각난다

빗물에 젖을까 걱정되어
마중 나온 엄마의 우산

아버지 자전거 뒤에 앉아
아버지가 비 맞을까 봐
살며시 기울였던
어린 딸의 우산

내 어깨가 젖을까 봐
조심스레 내 쪽으로
기울여 주던 남편의 우산

빗속에서 어깨를 감싸 안고
나란히 걸어온 아들 우산

돌아보니 우산 속에서 나눈 순간이
사랑이 머물렀고 행복이 자라났다

비를 막아 준 건 우산
내 삶을 지켜준 건
언제나 가족의 사랑이었다

사랑을 신다

검정 고무신이 싫어
시멘트벽에 문질렀다

새 운동화를 꿈꿨지만
돌아온 건 꾸지람뿐

친구들 구두가 부러웠고
샌들은 아득한 세상 같았다

어린이날
둘째 언니가 짜장면과 함께
처음 보는 샌들을 안겨주었다

사진 속 나는 아직도 웃는다
그 신발 속에 담긴 마음이
엄마의 사랑이었다는 걸
세월 지나서 알게 되었다

이제 부모가 된 나
그 시절의 무게를 떠올리며
가슴 깊이
미안함과 고마움을 신는다

오늘도 나는 그 사랑을 신고 걷는다

보름달 기도

정월 대보름
둥근 달 떠오르면

차분히 마음 가다듬고
두 손 모아 소원을 빈다

가족 모두
건강하길
편안하길

깡통에 불씨 담아
빙글빙글 돌리던
추억이 떠오른다

추석 보름달은
엄마의 품속처럼
따뜻하고 풍요롭다

흑백 사진 속 꼬맹이는
훌쩍 커버린 나를 향해
낯선 눈빛으로 묻는다

지금 소원이 뭐니

달빛에 비는 소원은 쉿! 비밀

너의 눈

너의 눈을 바라볼 때마다
나는 조용히 고백한다
내가 사랑을 믿는 이유가
그 눈 속에 살아 있음을

너의 눈동자에는
지친 하루 감싸는 바다가 있고
내일을 건네는 별빛이 있다

나는 많은 말을 준비했다가도
결국 아무 말도 하지 못한 채
그저 너의 눈에 머문다

그곳에서 나는
가장 온전한 내가 된다

너의 눈은 나의 길이자
나의 고향이며
흔들릴 때마다 돌아갈 자리다

오늘도 나는 고백한다
화려한 약속보다
너의 눈을 잘 보살피며
그 눈이 외롭지 않도록
빛이 되어 머물겠다고

사다리

농부의 사다리는
봄엔 열매를 솎고
여름엔 붉은 사과를 따며
가을엔 결실의 무게를 나누고
겨울엔 새 희망을 준비한다

어린 소녀가
올려보았던 사다리
높은 곳에서 내려다본 풍경은
호기심으로 가슴 두근거리게 했다

건설 현장의 사다리는
흙먼지 속에서도 곧게 서서
사람과 집 미래를 실어 나른다

사다리는 말없이 가르친다
삶은 위로 향하는 것

멈추지 않고 오르는 자만이
빛을 차지한다는 것

사색시간(셋)

▋빛과 쉼표 사이▋

양 혜 진

▌프로필 ▌

코리아 홈쇼핑 텔레마케터 4년
SK브로드밴드 텔레마케터 13년
현 삼성화재 RC 일산지점

전자책
우리는 알콜중독 부부,
참 평안은 그분을 만나는 것이다

종이책
내 삶의 버킷리스트, 우리 엄마는,
우리 아빠는, 행복을 찾는 자서전 쓰기
우리 가족은 등 다수

연락처
네이버 검색: 양혜진 블로그: 당근이 블로그
유페이퍼: 당근이 책방 유튜브: 예배하는 선교사
yhyejin@samsungfire.com

▮목 차▮

1장. 희망의 계단 ················· 66

　얼굴이 말하는 것들 ············ 67
　나그네의 노래 ··············· 68
　손수건의 위로 ··············· 69
　가을의 초대 ················ 70
　희망의 계단 ················ 71

2장. 삶의 신호등 ················· 72

　나를 만나는 시간 ············· 73
　내일을 위한 단풍 ············· 74
　보험이라는 우산 ············· 75
　내 삶의 신호등 ·············· 76
　희망의 떡국 ················ 77

3장. 길 위의 쉼표 ······ 78

시간의 끈을 넘어 ······ 79
새 신발의 설렘 ······ 80
붉은 보석, 딸기 ······ 81
천년의 침묵 ······ 82
쉬어가는 법 ······ 83

4장. 새벽의 기도 ······ 84

새벽의 마지막 수호자 ······ 85
눈꽃송이의 기도 ······ 86
사랑 우산 ······ 87

1장.
희망의 계단

얼굴이 말하는 것들
나그네의 노래
손수건의 위로
가을의 초대
희망의 계단

얼굴이 말하는 것들

얼굴은
그의 인생이 보이고
말투는 인격이 보인다

표정은
거짓말을 못하고
말은 때론 거짓도 말 한다

깊이 있는 만남을 통해
그를 알고 싶고
마음을 얻고 싶다

그 마음이
또 다른 얼굴이 되어
나에게 말을 건넨다

나그네의 노래

누구에게나
태어난 고향이 있고

마지막에
닿을 곳은 두 곳뿐

잠시 머무는 이 땅에서
우리는 모두 나그네

오늘도 그리운 본향을
가슴 깊이 그려본다

손수건의 위로

부드러운 천 위
네 손의 온기가 스며들고
차가운 내 손을 감싸 안는다

하얀 조각에 담긴
어릴 적 상처와
말 못 할 아픔이
네 온기로 녹아내린다

곱게 접어
가슴에 품으면

불안과 근심
아무것도 아닌 듯 사라진다

단단한 위로와
따뜻한 사랑

작은 천에 깃들어
나를 살아 있게 한다

가을의 초대

코스모스
바람에 춤추고

푸른 하늘
캔버스 위로
뭉게구름 흘러가네

익어가는 향기 따라
사색 머무는 계절

책 한 권 들고서
가을 속으로
걸어가네

희망의 계단

하나의 계단
하나의 꿈
세상 위로 발을 내딛는다

오르는 길 험난해도
발끝에 전해지는 건
희망의 무게

무너진 담벼락 넘어
닿을 수 없는 별마저
이끄는 다리 되어

작은 발걸음으로
오늘도 희망을 쌓아 올린다

2장.

삶의 신호등

나를 만나는 시간
내일을 위한 단풍
보험이라는 우산
내 삶의 신호등
희망의 떡국

나를 만나는 시간

굽이진 오솔길 따라
울퉁불퉁한 바위들 벗 삼아
숨 가쁘게 오르다 보면

저 멀리
구름을 이불 삼은 능선이
하나 둘 보이고

도착한 정상에서
거친 바람이 땀을 식혀준다

눈앞에 펼쳐진 세상
가슴 벅찬 풍경
지난 시름은 잊고
새로운 다짐 한다

한 걸음 한 걸음
내 안의 나를 만나는 시간
산은 말없이 나를 안아준다

내일을 위한 단풍

저물녘 하늘 아래
타오르는 붉은 노을

산등성이 타고 내려와
세상에 불씨를 전한다

꺼지지 않는 불꽃처럼
활활 타올라

사르르 흩날리며
새로운 길을 연다

바람 스칠 때마다
희망을 속삭이고

가을 끝자락
빈 가지 끝에도

새봄을 꿈꾸며
내일을 기약 하네

보험이라는 우산

갑자기 몰려온 먹구름
허둥지둥 발걸음 재촉 한다

기억 하세요
언젠가 소나기가 내릴 것을

우산을 펴고 비를 피하는 당신
미래를 준비하는 지혜자

삶이라는 길 위에 내리는 소나기
예기치 못한 질병, 사고, 재정의 어려움

누구도 대신 맞아줄 수 없는 비
보험이라는 우산

미리 준비한 자만이 젖지 않는다
지금 확인하서요

내 삶의 신호등

빨간 불 멈춤
숨을 고르며
잃었던 나를 찾아낸다

노란 불 준비
망설임은 잠시
새로운 시작을 향해
심장이 요동친다

초록 불 출발
마침내 터져 나오는 함성
희망의 발걸음이
나를 깨운다

희망의 떡국

새해 첫날
정갈한 마음 담고

모락모락 피어나는
어머니의 손길

곱게 앉은 색동은
오색 꿈 이야기 하네

가족의 웃음소리 가득한 상
따스한 온기가 온몸에 퍼지면

지난날의 시름은 녹아내리고
희망의 노래가 울려 퍼진다

떡국 한 그릇에
사랑을 맛본다

새로운 시작, 빛나는 다짐
하얀 마음이 솟아나는
새해의 맛

3장.
길 위의 쉼표

시간의 끈을 넘어

새 신발의 설렘

붉은 보석 딸기

천년의 침묵
쉬어가는 법

시간의 끈을 넘어

두 팔 벌려 준비하고
숨을 크게 들이쉬며
지면을 박차는 작은 발걸음

팽팽한 줄은 시간의 끈
넘을 때마다 가능성은 높아지고
조금 전 망설임은 바람에 흩어져
땀방울 속 희망의 씨앗이 싹튼다

넘어져도 다시 일어서는 법 배웠으니
괜찮아, 꼬여버린 줄은 풀면 돼

심장은 내일을 노래하고
두려움 없는 눈빛은 멀리 하늘을 본다

더 높이 더 빨리
고비마다 숨겨둔 힘이 솟구쳐

희망을 담은 작은 움직임이
마침내 자유를 가져다준다

새 신발의 설렘

설레는 마음 상자를 여니
새하얀 신발이 나를 반긴다

첫걸음 내딛으니
새 신발이 가볍다

삐걱거림도 없이
새로운 길을 나선다

어디로 갈까
어떤 풍경을 만날까

두근거리는 마음으로
한 걸음 또 한 걸음

새 신발과 함께
새로운 세상 만나러 간다

붉은 보석, 딸기

봄바람 살랑이는 뜰
초록 잎새 사이 숨은 보물

새콤달콤한 유혹의 빛깔
한 입 베어 물면 터지는
상큼한 과즙의 향연

입 안 가득 행복이 번지고
어릴적 동화 속 요정처럼
순수한 미소 머금는다

붉은 보석, 딸기
사랑과 설렘 가득한
그리운 추억 한 조각
달콤한 위로가 되어준다

나도 딸기 같은
상큼한 사람이 되고 싶다

천년의 침묵

깊은 산 속
푸른 옷을 걸치고
홀로 서 있는

천 년 세월에도
굽히지 않는 절개

차가운 눈보라 온몸으로 맞고
가지마다 서린 고난의 흔적

이 땅의 역사를
묵묵히 지켜온 증표리라

그윽한 솔향기가
가슴에 스며들어
세상의 잡념을 씻어내고

변치 않는
그 기상을 닮았네
내 마음처럼

쉬어가는 법

두 바퀴 위에 세상이 펼쳐지고
안장에 앉는 순간 시작되는 여행

페달을 밟을 때 밀려오는 해방감
내 힘으로 달려가는 자유

이마의 땀방울 바람에 식을 때
무거운 생각은 저만치 흘러가고

기어를 바꿔 언덕을 오르듯
삶의 고비도 묵묵히 넘는다

힘들면 내려 끌고 가도 괜찮다
자전거는 나에게 쉼을 가르친다

땅과 하늘 사이를 온전히 누비는 시간
그것이 자전거가 주는 가장 큰 선물

4장.

새벽의 기도

새벽의 마지막 수호자

눈꽃송이의 기도

사랑 우산

새벽의 마지막 수호자

은쟁반 같은 맑은 빛이
밤의 깊은 잠을 지켜준다

밤새 달을 바라본 풀잎 끝에는
이슬이 영롱히 맺히고

세상의 소란이 잠든 시간,
침묵은 충만한 선물이 된다

동이 트기 시작해도
빛은 흐려지지 않는다

희망처럼, 약속처럼,
마지막까지 자리를 지킨다

가장 깊고 가장 외로운 밤을 지나
새벽의 문턱에서
빛은 다시 희망을 전한다

눈꽃송이의 기도

하늘에서 춤추듯 내려온
하얀 눈꽃송이

얼음 조각에 빛을 담아
더러움을 덮어버리네

발자국 남기고 싶은 마음
조심스러운 찰나의 아름다움

잠시 멈춰 서서 하늘 보며
이 세상 깨끗하기를 바라본다

눈꽃송이가 전하는
고요하고 간절한 기도

깨끗한 마음 되기를 기도 한다
내 주위 모두가

사랑 우산

빗방울 떨어지는
세상은 잠시 멈춘다
작은 우산 아래

차가운 비속에서
따뜻한 마음이 피어나고

너와 나
하나의 지붕이 생겼다

비가 그쳐도
기억에 남는 건
따뜻한 우산

그것이 바로
사랑 이었다

사색시간(넷)

▌구름아 인생아▐

김 경 태

▮ 작가의 한마디 ▮

하루의 시작마다 하나의 시제가 주어졌습니다.
오늘은 어떤 마음으로 써볼까?

계절이 바뀌듯 마음의 풍경도 변해갔습니다
겨울 바다의 찬바람 속에서 따뜻한 봄을 기다리고
단비처럼 스며드는 희망을 적었습니다

그리움이 쌓여 눈꽃이 되고
비워냄 속에서 채워지는 마음을 배웠습니다
삶은 때로 바쁘고 복잡했지만
작은 책 한 권 속에도 사람의 향기가 묻어났습니다

구름처럼 흘러가는 세월 속에서
누군가의 전령사가 되어
사랑과 그리움을 전하고 싶었습니다

이 시집은 그렇게
'매일의 시제'로 써 내려간 구름 같은 인생 이야기입니다

오늘도 속삭입니다
구름아 인생아 흘러가도 좋으니 아름답게 머물다 가자

초겨울 길목에서~ 김경태올림

▌목 차▐

1장. 계절의 첫 마음 ······ 92

　겨울 바다로 가자 ······ 93
　하얀 눈이 날려요 ······ 94
　겨울 길목에서 ······ 95
　봄 기다리며 ······ 96
　겨울 아침에 ······ 97

2장. 마음의 길 위에서 ······ 98

　그리움이고 싶다 ······ 99
　눈꽃 기다림 ······ 100
　이제라도 ······ 101
　한가위 ······ 102
　단비 ······ 103

3장. 삶은 바쁘다, 그러나 아름답다 ····· 104

비워 낸다는 것이 ····· 105
작은 책 큰 사람 ····· 106
가족 역사책 ····· 107
삶은 바쁘다 ····· 108
다 괜찮아 ····· 109

4장. 사랑과 그리움의 계절 ····· 110

사랑의 전령사 ····· 111
구름아 인생아 ····· 112
그립다 ····· 113

1장.
계절의 첫 마음

겨울 바다로 가자
하얀 눈이 날려요
겨울 길목에서
봄 기다리며
겨울 아침에

겨울 바다로 가자

검푸른 물결 넘실대는 바다로 가자
갈매기도 움추러든 엄동설한에
새하얀 눈이 내려 덮혀도

더 짙게 포효하는 저 너른 가슴에
세상 설움 하 많은 미련 사연 다 털어내고 오자
저 넓은 바다는 다 포용하고 품어 줄거야

그리고 우리 홀가분하게 돌아오자
이해와 용서와 사랑으로 새롭게 우리 집을 짓자
그 어떤 시련도 견뎌낼 굴강한 우리 집을 짓자

서로의 부족함 서로 나누며
거센 세파도 거친 세태도
우리 손잡고 부딪쳐 가자

저 바다를 봐
부딪쳐 부서져 하얀 포말로 남더라도
또 부딪치잖니 우리 얼마든지 다시 부딪쳐 보자

너와 나 젊디젊었으니

하얀 눈이 날려요

빈 하늘에 하얀 눈이 날려요
칼바람 타고 아프게 날아요

옷깃을 세워 봐도
공허한 가슴은 시리게 저려와요

사랑이 떠나던 그 날부터
별은 바스라졌고

내 무딘 영혼 휘감는 독백은
허공중에 맴도네요

당신이 보고파요
병든 내 맘 어루만져 줄
그대가 필요해요

겨울 길목에서

오색 단풍 곱게 익는
계절 걷는 가을은 안녕을 고하는데
은행잎에 적어 보낸 노란 그리움을
그대 정녕 모르시나

무르익은 가을에 수확한 이 사랑으로
곱게 주름 접힌 당신 이마에 키스 해 주고픈데

겨울보다 더 뜨거운 가슴으로
시린 당신 두 손을 감싸고 난로보다 더 따숩게
당신 마음 데워 주고 싶은데

당신은 지금 어디 있나요
겨울이 오는 길목에서
나 당신 찾고 있는데

봄 기다리며

비워낸 가슴에 괜한 그리움 하나 담고
날리는 눈보라 속으로
시린 손 호호 불며 길 떠난다

험한 세상사라 눈물이야 다반사 일진데
황량한 겨울세상 속에
너 홀로 둘 수 없어 품고 떠난다

울지 말아라
온 몸을 휘감는 세찬바람에도
새로운 봄날을 꿈 꾸거라

겨울 가면 반드시 밝은 내일 오나니
거센 운명 모진 시련도 다 네 몫이라면
어차피 넘어야 할 과정이라
참고 기다리면 봄은 올게야

겨울 아침에

한적한 산사의 정적만큼
하얀 겨울 머문 계절의 언덕에
임의 발자국 또렷하다

아무도 몰래
바람으로 내려와
하얀 발자국만 남겼나 보다

밤새 뜬 눈으로 지새고도
임이 온 줄 몰랐구나

임도 하마나
기다리는 줄 몰랐던 게지
언제쯤 또 왔다 가실런지
기별이라도 남겨 놓지

시린 바람 불어 예는 겨울 아침
그대가 그립다

2장.
마음의 길 위에서

그리움이고 싶다

눈꽃 기다림

이제라도

한가위

단비

그리움이고 싶다

지나간 것은 다 그리움이다
어린 날의 치기도 청춘의 아픔도

지나버린 하 많은 추억들도
애닲은 아쉬움도 모두가 그리움 이었다

다가 올 희망을 선택하라면
누군가의 기다림이요 그리움이고 싶다

생각만 해도 왈칵 그려지는
그런 그리움

계절 타고 다시 오는 가을처럼
자연스레 다가서는 그리움이고 싶다

눈 꽃 기다림

문풍지 찢고 들어온 시린 바람에
비몽사몽 빼꼼히 내다 본 어둔 하늘엔

하늘하늘 하얀 눈 꽃 날리고
그 눈꽃에 홀려
하얗게 새벽을 열었네

행여나 임 오실라나
동구 밖 정류장만 마냥 바라보았지

할애기 아직 많은데
하늘하늘 눈꽃은 내리는데
이 눈길에 한 번 왔다 가시지

이제라도

소슬한 갈바람 시리게 파고들면
괜스레 움츠려 들지 말고
온 몸 열어 태양을 품자

청춘의 정열을 다시 태워서
냉기 서린 심사를 녹여내자

엄마 몸 빌어 세상에 나올 제
누구나 뜨거운 가슴 가진 알몸 이었다

세월타고 가다보면 외롭고 슬픈 거
다 젊었기에 겪어보는 고뿔이더라

먼 산꼭대기 바라기 하느라
곁에 주렁주렁 매달린 소소한 행복들은
미처 못 봤을 뿐

파랑새는 늘 내 품에 있었던 것을
이제라도 손 내밀어 따뜻이 보듬어 보자

나에게도 누군가 에게도 위로와 위안이 되어 보자
이 가을이 멀리 가기 전에

한가위

단풍 향기에 젖어 조금씩 깊어가는 밤
그리움에 익은 한가위 달은

용마루에 걸터앉아
세상 골고루 달빛 뿌리네

그대도
어디쯤서 저 달 보고 있으리

그대 숨결 있음에
나 외롭지 않으니

충만한 넉넉함으로
그대에게 전할 사랑과 평안을
난 기도 하리니

그대여
잠시 달이 전하는 말에
귀 기울여 주오

단비

누군가 애타게 기다리고 기다리던
정말 반가운 단비가
하루 종일 나리는 오후에

모카향 커피 한잔으로
보일 듯 잡히지 않는
그리움이라는 당신을 찾는다

잘 지내지
식사도 잘 하구

건강은 괜찮아
잠도 잘 자고

단비 덕에
장미도 수국도 튤립도
국화도 흐드러졌더구나.

나중에 비 개고 맑은 날
문득 쳐다본 하늘에

흰 구름 하나 외로이 나르면
잠시잠깐 내 생각 해 줄래

3장.
삶은 바쁘다, 그러나 아름답다

비워 낸다는 것이

작은 책 큰사람

가족 역사 책

삶은 바쁘다

다 괜찮아

비워 낸다는 것이

세상 원망 내려놓고 나를 비워 낸다는 것이
그리 쉬운 일이 아니더라
빙골 같은 가슴에
어줍잖은 위로는 소용없더라

잃은 게 많은 삶에
지금껏 손해보고 베풀며 살아 온
내 인생이 서글프더라

밟고 온 시간만큼 남겨진 내 발자국들이
이제는 내려놓자고 애원하지만

안타까운 인생이라도
온전히 내가 감수해야 할
내 인생이기에 멈출 순 없겠지

내 삶은 다시 시작이다

작은 책 큰 사람

하얀 종이에
까맣게 글자를 이룬 한 획 한 획이
네 마음을 따뜻하게 어루만지면

하늘이 열리고 은하수 쏟아지듯
별 빛 가득 내려 올 거야

그 별 하나 하나 가슴에 마음에 새기면
피가 되고 살이 되고 뼈가 되어
너를 큰 사람으로 만들어 줄 거야

생각의 단어들로 이룬 책 속엔
생명의 소중함도 삶의 이정표도 우
주의 진리도 다 갖고 있단다

책은 한권 한권이 마음의 양식이요
생각의 보고이니
책을 읽은 만큼 너도 자랄거야

가족 역사책

책장 구석에 자릿세도 없이 자리만 차지하던 책들
그 필요 없는 책들 정리해서 버리려고 했는데
막상 버릴게 없다

큰애부터 작은애 거쳐 막둥이
손 때 묻고 추억 묻은 책

그 한권 한권이
우리 가족 살아온 이야기들이라
차마 못 버리고 다시 제자리다

이 책은 어쩌고저쩌고
저 책은 이렇고 저렇고
저 책장에 책 중

우리 가족과 고난영욕을 같이
한 세월이 몇 개 였나
미련 같은 아쉬움에 다시 꽂아둔다

삶은 바쁘다

빌딩 숲 돌고 돌아
사거리 신호등 위에 앉은 바람이
잠시 멈췄다 가라고 빨갛게 눈 짓 하는데

잠시 잠깐의 쉼도 사치 런가
그냥 내 달린다

바쁜들 얼마나 바쁠텐가
어차피 나이 차면 귀천 없이 가는 세상인데

꼭 선착순 하듯 서둘러 가야 하나
상 주지도 않을 텐데

씁쓸한 웃음 띄운 바람이
애처러이 쳐다본다

다 괜찮아

괜찮아 다 괜찮아 조금 서툴러도 괜찮아
실수 좀 해도 괜찮아 잘못 좀 해도 괜찮아

넌 젊었으니까 비틀거리고 넘어져도
일어나서 다시 하면 돼

그렇게 경험이 되고
그렇게 세상을 알아가고
그렇게 어른이 되어가는 거야

만족스럽지도 완벽하지도 않은 오늘이지만
다 괜찮아

하루하루를 버텨 내는 게
하루하루 성장 하는거야
오늘 하루 힘들었어도
내일이라는 희망이 있는 인생이라서
지금 이 소주 한 잔이 달콤한 거야
그래서 다 괜찮아

4장.
사랑과 그리움의 계절

사랑의 전령사
구름아 인생아
그립다

사랑의 전령사

코스모스 하늘거리는 가을 길을 걸어보자
단풍 향기 짙은 숲속 길에 빈 벤치 있거들랑
잠시 앉아 그 향기에 취해도 보자

갈바람에 살풋 그리움 실렸거든
넓고 높은 하늘을 보자

그 시리도록 푸른 하늘에
보고픈 얼굴 모두 다 그리고
가슴 속 시원하게 털어 내자꾸나

넉넉하고 풍요로운 가을 하늘에
보고 싶다고 사랑 한다고
마음껏 소리쳐 보자

저 하늘 높이 유유한 구름이
그 어디든 전해 줄 테니

가을은
사랑의 전령사니까

구름아 인생아

시리게 푸른 하늘에
하얀 구름 나르면 저 홀로 눈물짓는 아픔아

가없는 하늘 어디에도
머물 곳 없이 방황하는 구름아
부평초 같은 내 신세와 다를 바 없구나

바람이 불면 부는 대로
흐르고 흐르다 허공중에 흩어질 구름아

발길 따라 세월 따라
어느 산야에 사라질 인생아

하늘 땅 마주 할 지평선에서
혹여 우리 만나거든 안부라도 물어 보자
구름아 인생아

그립다

붉은 노을 등지고 너랑 걷던 그 바닷가
발가락 희롱하던 모래알도 그대로이고

추억 만들던 파도도 변함없이 철썩이거늘
고운 모래사장엔 내 발자국만 길게 남았구나

젖은 모래가 은빛으로 날아오르고
하늘 맞닿은 수평선엔 노을 붉게 입는데

백사장 끝머리 그 벤치에 새겨놓은 밀어들도
제 각각 먼 길 가고 이젠 추억만 앉았구나

그립다 추억아
보고 싶다 사랑아

사색시간(다섯)

▌나의 시간과 공간▐

서 형 수

▮작가의 한마디▮

어린 시절
동경한 피터팬 처럼

청년시절
동서남해와 태평양을 누비고
하늘을 맘껏 날아다니며
컴퓨터공학박사가 되었다.

중년인 지금은
사랑하는 핑커밸리 옆에서
사회복지 IT활동가로
봉사하고 있으며

노년에는
'풍금치며 공학적인 시를 쓰고 파'
하는 마음으로 살아가고자 한다.

풍금 치는 공학시인 서형수

목 차

1장. 시작하는 시공간 ·········· 118

나의 사랑은 S~ ·········· 119
사과로 통일하자 ·········· 120
하늘 끝으로 ·········· 121
양가죽 장갑 ·········· 122
인내의 눈 ·········· 123

2장. 너무 작은 마음 공간 ·········· 124

검정색 커피에 대한 선입견 ·········· 125
장한 해송 ·········· 126
너는 새싹 ·········· 128

3장. 더욱 먼 곳을 향하여 · 130

지켜보는 자전거 타기 · 131
아무것도 아닌 어둠 · 132
다시 만날 낙엽 · 133
내공 우주 · 134
보석 유리 · 135

4장. 희망찬 시공간을 위해 · 136

지금이 행복이에요 · 137
감내할 많은 짐 · 138
너에게 잘할게 · 139
물의 여행 · 140
노년 꿈 · 141

1장.
시작하는 시공간

나의 사랑은 S~
사과로 통일하자
하늘 끝으로
양가죽 장갑
인내의 눈

나의 사랑은 S~

Soo야 ~
어릴 적 시골가면
사랑이 담긴 할머니의 소리가
나를 반겨주었다.

사랑하는 Ship을 타고
사랑하는 Sea를 항해하며
사랑하는 Sky를 누비고
사랑하는 Space를 동경하며

사랑는 Satellite로 박사논문을 쓰고
사랑하는 Student를 가르치며
젊은 날을 보냈다

그리고 이제는
사랑하는 Senior를 향해 Smile로 봉사하며
사랑하는 Shin Jae Sook과 함께 살아간다

나의 사랑은
언제나 S~와 함께였다

사과로 통일하자

선과 악을 알려준
성경의 사과

과학을 알려준
뉴턴의 사과

정의를 알려준
로빈훗의 사과

경제성장을 알려준
대구의 사과

지구온난화를 알려준
포천의 사과

북한과의 통일을 알려줄
사과를 기대해본다

하늘 끝으로

아주,
아주 어릴 적 누워 바라본 하늘

그 끝은
과연 어디일까 참 알고 싶었다

그래서
피터팬처럼 날고 싶었고

그래서
진짜로 하늘을 날아보았다

그래서
인공위성에 관심 갖고 우주인을 동경하였고

하늘 쳐다보며 출발
나인 에잇 세븐~~ 쓰리 투 원   지어로

오늘도
누군가는 가보고 싶어 하는
하늘 끝을 바라본다

양가죽 장갑

24살 청년
해군조종사
양가죽장갑

조종기량 향상을 위해
함께했던 양가죽장갑

틈틈이 로션 발라주며
오늘도 잘 해보자 홧팅

25년간 비행하지 않아
바래버린 양가죽장갑

그렇게
세월은 흐르고 흘러
59세가 되어버린 나

인내의 눈

물에서 시작하여
하늘높이 오른 수증기
더 오르지 못하고 구름 되었네.

머물다 지쳐 내려오는 길
너무도 추워 하얀 눈이 되었네

그길 바라보며 즐거워하는 이들 있기에
눈은 그 추운 길도 참으며 내려오나 보다

우리네 인생도
기다려주는 이들이 있기에

하얀 눈처럼 그 추운 길을
참으며 걸어가는가 보다

2장.
너무 작은 마음 공간

검정색 커피에 대한 선입견
장한 해송
너는 새싹

검정색 커피에 대한 선입견

수천 년전
검은 대륙
검은 염소
검은 커피먹고
검은 잠안자고

수천 년 후
검은 커피는
하얀 사람들이
널리 보급했다

검은 밤이
하얀 밤이된
인류 문명

오늘도
검은 커피 마시는
하얀 사람들은
검은 색에 대한 편견을
버리지 않는다

장한 해송

동해푸른 바다
높이높이 자란
너의이름 해송

차디차운 바람
짠기많은 파도
펑펑오는 눈발

추운겨울 바다
온몸으로 막는
너의이름 해송

산들산들 바람
찰랑찰랑 파도
따끈따끈 햇빛

푸르른봄 바다
온잎으로 막는
너의이름 해송

시원 시원 바람
차디 차운 파도
작열 하는 햇빛
그늘 아래 누워

휴가맞는 사람
반겨반겨 주는
너의 이름 해송

태풍품은 바람
용왕님의 파도
여운깊은 햇빛
경륜깊은 껍질

사이사이 노을
조심스레 받는
너의 이름 해송

겨울되어 눈 밟는나
장한해송 너를 본다

너는 새싹

따스한 봄날
얼음 녹는 땅

파릇파릇이
솟아오르는
너는 새싹

새싹아 언제
어디서 왔니

잘 알아보니
지난 가을에
떨어진 씨앗

그 추운 겨울동안
컴컴한 땅속에서
봄날만 기다리며

움 추려 떨고 있던
꼬맹이 너 였구나

이제 봄 온다고
무겁디 무거운
녹은 땅 잘 뚫고

솟아서 잘 오른
네 이름 새싹아

이제 네 마음껏
세상 만끽하며 자리라

3장.
더욱 먼 곳을 향하여

지켜보는 자전거 타기
아무것도 아닌 어둠
다시 만날 낙엽
내공 우주
보석유리

지켜보는 자전거 타기

여의도
내가 뒤에서
아내 탄 자전거를 잡아준다

앞으로 가는 아내 탄 자전거
내가 계속 잡아 주리라 믿겠지

살살 왼쪽 오른쪽
아내가 살짝 뒤보니
내가 멀리서
아내를 지켜본다

이젠
나 혼자 타는 구나

경륜선수도 처음에는
잡아주고 지켜보는

누군가에 의한
자전거탄 이였으리라

아무것도 아닌 어둠

밀려오는 어둠
밀려오는 파도
그럼 어둠은 파동

일광욕 쐬기
그럼 빛은 입자

개기일식 휘는 빛
그럼 빛은 파동

어둠은
입자와 파동인 빛에 의해 없어진다
그럼 어둠은 빛이 지배하는 것
아무것도 없는 것

우린 왜
아무것도 없는 어둠을 무서워하지

아무것도 없으니까
내 주변 아무것도 없으면 무섭듯이

다시 만날 낙엽

떨어지는 낙엽
보면 슬퍼지고

희 날리는 낙엽
보면 겨울 오네

수북 쌓인 낙엽
보면 그 안에는
겨울 따뜻하게
보낼 작은 생명

썩는 낙엽 보면
위로 올라오는
봄의 작은 새싹

이젠 낙엽 보면
슬퍼지지 않고

훗날 나무에서
훗날 잎이 되어

다시 만날
너를 생각 하마

내공 우주

산꼭대기 올라가서 소리친다
야호~~~

도전에 대한 성취감을 소리친다

달나라 높은 곳에 올라 소리친다
만세~~~~

아공기라는 매개체가 없다
소리전달이 않된다니

바보 우주!
우주는 침묵하고 있다.

그러나
우주가 침묵한다고
얕보면 않된다

우주가 깜깜하다고
얕보면 않된다

또한
사람이 침묵한다고 얕보면 않된다

보석유리

넌 아주 먼 옛날
보석인 크리스탈

그 병 속엔
귀한 술, 군인식량

지금은
기술이 좋아서 대량생산
희소가치가 적어졌지만

먹는 것으로
보는 것으로

인체를 보호해주는 너는
아직도 우리의 보석

4장.
희망이 머무는 별빛 아래서

지금이 행복이에요
감내할 많은 짐
너에게 잘할게
물의 여행
노년 꿈

지금이 행복이에요

행복하시나요?
예 라고 답하기 어렵다

그럼
불행 하시나요
예 라고 답하기 더욱 어렵다

행복 하시나요
아니요 라고 답하기 어렵다

그럼 불행하시나요?
아니요 라고 답하기 더욱 어렵다

그럼
앞으로는 행복 하세요
예라고 다들 답 한다

그래도
가만히 생각하면

지금이
가장 행복한 겁니다

감내할 많은 짐

물 한 모금
눈물 한 방울 찔금

죽 한 숟갈
눈물 한 방울 찔금

국 한 숟갈
눈물 한 방울 찔금

다짐 한다!

이병과 싸워 이겨 건강하리라
그러기위해 감내할 짐들이 많다

금연절주 감성 내 몸만을 생각
자연과도 함께 치유할 취미들

함께할 동료들 농막 코코청계 등
만주벌판꾸미기

그 무엇보다도 중요한 것은
가장 소중한 사람과
함께라는 것을 다짐해본다

너에게 잘할게

말 할 때 마다
신재랠라 너어
좔좔좔~~~

말끝마다
신재랠라 너언
좔좔좔~~~

모든 말에는
서두가 중요한 것

친애하는
사랑하는
존경하는
기타 등등

이제부터는
신재랠라에게 잘할게
좔좔좔~~~

물의 여행

너무나도 높은 산에서
하얀 자태 보이는 넌
만년설

강처럼 흐르니 빙하
녹아서 개울물 강물
바다에 도달한
넌 물

이제는 수증기 되어
하늘높이 올라 구름
모여모여 비된
넌 물

너무나도
높은 산에 떨어져
하얀 자태 보이는
넌 물

노년 꿈

아이 때는
꿈꾸며 좋아했다

청년 장교는
도전하며 성취하고 또 도전하며 살았다

중년이 되어도
도전하고 성취하고 또 도전하며 살았다

장년이 되어
온몸 통증을 호소하며 살았다
장모님께서 자네 꿈이 있잖은가

멍했다
십여 년간 잊어버린 꿈이란 단어
다시 꿈을 세우고 수정하고 또 수정을 거듭 한다

노년의 꿈은
도전과 성취가 아닌 배려와 배품의 꿈이다

▍ 에필로그 ▍

"매일 새벽 단 하루도 빠짐없이 시가 오는 시간"

고요한 새벽,
가장 솔직한 생각들이 조용히 고개를 듭니다
말보다 긴 침묵, 침묵보다 깊은 사색 속에서
우리는 하루를 열고 마음을 들여다봅니다

세상보다 먼저 깨어
시 한 줄로 시작한 시간

90일간 매일매일 써 내려간 시들은
삶을 버티는 힘이 되었고

어제의 마음을 다독이며
오늘의 기쁨을 새롭게 만들어주었습니다

이 시집은
그 90일의 기록 중
마음을 담아 고른 시편들을 모은
따뜻하고 정성스런 공동 시집입니다.